Cledrau Cymru

Rails Across Wales

Gwyn Briwnant Jones

Roedd y rheilffyrdd cynnar yng Nghymru yn brin, ond ymhen amser datblygwyd rhwydwaith ddwys o linellau lleol i wasanaethu'r ardaloedd diwydiannol, yn enwedig yn Ne Cymru, sef yr hyn a bortreadir yn yr olygfa hon o orsaf Lefel Isel Crymlyn a Dyffryn Ebwy, a welwyd drwy ffenestr cerbyd trên Castell Nedd-Pontypwl wrth iddo groesi'r draphont enwog ar y llinell Lefel Uchel. 1963

The early railways in Wales were sparse, but eventually a dense network of branch lines served the industrial areas, particularly in South Wales – a situation portrayed in this elevated view of Crumlin Low Level Station and the Ebbw Valley, viewed through a carriage window of a Neath-Pontypool train crossing the famous viaduct on the High Level line. 1963

CLEDRAU CYMRU

Ym 1804, tynnodd yr injan stêm gyntaf yn y byd i redeg ar gledrau ddeg tunnell o haearn rhwng Merthyr Tudful ac Abercynon. Ar unwaith hawliodd ei lle yn hanes teithio stêm, a chyfeiriwyd ati byth ers hynny fel injan Pen-y-Darren, ar ôl y gwaith haearn lle cafodd ei hadeiladu gan Richard Trevithick. Ond nid ar chwarae bach y llwyddwyd i gyflawni'r

RAILS ACROSS WALES

In 1804, the first steam engine in the world to run on rails hauled ten tons of iron between Merthyr Tydfil and Abercynon. It instantly carved a special niche for itself in the annals of steam locomotion and has been referred to ever since as the Pen-y-Darren engine, taking its name from the iron works where it was built by Richard Trevithick. This

Ail greuwyd yr argraff o godi-stêm ar gyfer rhaglen deledu o'r daith hanesyddol. 1981

An impression of steam-raising for the historic journey was re-created for television, 1981

3

gamp ryfeddol hon, oherwydd torrodd nifer o'r cledrau haearn-bwrw dan bwysau'r injan, gan arafu ei thaith. Roedd yr oedi hir wrth gwblhau'r daith yn ddigon i sicrhau na fyddai'r fenter yn cael ei hailadrodd a daeth dyddiau'r injan i ben yn druenus ddigon wrth iddi weithredu fel uned sefydlog yn y gwaith haearn. Adeiladwyd y copi sy'n bod heddiw gan Amgueddfa Diwydiant a Môr Cymru ym 1981 i goffau'r daith epig,

Cafwyd digwyddiad nodedig arall yng Nghymru ym 1807, gyda chludo'r teithwyr rheilffordd swyddogol cyntaf erioed ar

momentous feat, however, was not easily achieved, for several of the cast-iron rails fractured under the weight of the engine, halting its progress.

The lengthy delays which ensued before the journey could be completed were sufficient to ensure that the venture was not repeated and the engine ended its days ignominiously as a stationary unit at the works. The replica locomotive which exists today was constructed in 1981 by the Welsh Industrial & Maritime Museum, Cardiff, to commemorate the epic journey,

Tram y Mwmbwls ar ei daith

Mumbles Tramcar in later days

Reilffordd Ystumllwynarth Abertawe. Y tro hwn, ceffylau oedd yn darparu'r pŵer i symud y cerbydau a doedd dim anhawster gyda'r cledrau, ond yn anffodus ni fanteisiwyd ar y cyfle i ddatblygu'r digwyddiadau arloesol hyn yn lleol. Cydiodd eraill yn y cyfle, yn benodol George a Robert Stephenson yng ngogledd-ddwyrain Lloegr, ond cymerodd hi dros chwarter canrif i ddatblygu injans, cledrau a cherbydau addas i ffurfio rhwydwaith dibynadwy. Ond doedd y profiad o dorri'r cledrau ddim yn ddrwg i gyd, oherwydd aeth gwaith Merthyr ati i

In 1807, a second notable event took place in Wales when the world's first official railway passengers were conveyed on the Oystermouth Railway, Swansea. On this occasion, horses supplied the motive power and there was no problem with the track, but, sadly, the opportunity to develop these pioneering events locally was not grasped. That initiative was seized by others, notably George and Robert Stephenson in the north-east of England, although over a quarter of a century was to elapse before engines, track and rolling stock were sufficienctly developed to form

Trên glo ar ei daith i Gaerdydd, 1962
mewnosodiad: ciwio yn y dociau

Coal Train *en route* to Cardiff, 1962
inset: Queuing at the docks

wella ansawdd eu cledrau, ac yn ddiweddarach allforiwyd y rhain i bob cwr o'r byd, gyda chledrau – o Ddowlais yn benodol, i'w gweld mewn mannau mor bell â Rwsia a De Affrica. Y cynnyrch arall roedd Cymru'n nodedig amdano wrth gwrs oedd glo stêm, a allforiwyd o borthladdoedd De Cymru mewn llwythi enfawr; ym 1913, allforiwyd dros 11 miliwn tunnell o lo a golosg o borthladd y Barri'n unig.

Esblygodd system reilffyrdd Cymru o'r llwybrau tram cynnar a adeiladwyd i gludo glo, haearn neu lechi – yr olaf ar leiniau cul – at yr arfordir i'w hallforio. Roedd y leiniau

the basis of a reliable network. But the experience of the broken rails was not entirely ruinous, for the Merthyr iron works improved the quality of their rails which were later exported all over the world – rails from Dowlais, particularly, appearing in places as distant as Russia and South Africa. The other product for which Wales was justly famous was steam coal, which was shipped abroad from the South Wales ports in vast tonnages; in 1913 over 11 million tons of coal and coke were exported from the port of Barry alone.

Wageni llechi gwag yn dychwelyd i chwarel y Penrhyn   Empty slate wagons returning to the Penrhyn Quarry

hyn yn lleol iawn eu natur, yn fyr, a heb gyswllt â'i gilydd. Pan ddatblygodd y prif leiniau yng Nghymru, doedden nhw ddim yn rhan o unrhyw gynllun mawreddog - a allai fod o fudd i'r wlad gyfan - ond yn deillio'n unig o'r angen i gysylltu Llundain â Dulyn. Ar y dechrau, Caer oedd y porthladd ar gyfer traffig i Iwerddon, ond gyda dyfodiad y rheilffordd a'r pwyslais ar Gaergybi, daeth yn bosibl bron i haneru'r amser teithio. Felly awdurdodwyd Rheilffordd Caer a Chaergybi ym 1844, ac roedd wedi agor yr holl ffordd o Lundain erbyn 1850. Robert Stephenson

The Welsh railway system evolved from the early tramroads which had been constructed to convey coal, iron or slate – the latter by narrow-gauge – to the coast for shipment. These lines were decidedly local in character, were short in length and did not connect with one another. When trunk routes eventually emerged in Wales, they grew not as a result of any grand plan – which might have benefitted the country as a whole – but solely from the need to connect London with Dublin. Chester was initially the port for the Irish traffic but with the coming of the railway

gynlluniodd y rheilffordd, oedd yn dilyn arfordir Gogledd Cymru i Gaergybi, gan groesi aber afon Conwy ac afon Menai dros ddau o greadigaethau mwyaf nodedig rheilffyrdd Cymru – pontydd tiwb Stephenson. Mae'r bont yng Nghonwy wedi'i chryfhau dros y blynyddoedd ac mae'n dal i gludo traffig ar ei ffordd i Iwerddon, ond bu'n rhaid ailadeiladu'r bont dros y Fenai ar ôl i dân ofnadwy ym 1970 amharu ar y traffig am nifer o flynyddoedd.

Yn y de, creodd Brunel ffordd arall i Iwerddon, gyda Rheilffordd De Cymru a awdurdodwyd ym 1845, gyda'i 'Chledrau Llydan' enwog (7 troedfedd a chwarter modfedd), oedd yn estyn o Reilffordd y

and the focus on Holyhead, it became possible to almost halve the journey time. Thus, the Chester and Holyhead Railway was authorized in 1844 and opened from London, throughout, by 1850. Planned by Robert Stephenson it ran along the North Wales coast to Holyhead, crossing the Conwy estuary and the Menai straits by two of Wales' most notable railway landmarks – Stephenson's tubular bridges. The bridge across the Conwy has been strengthened over the years and continues to carry Irish-bound traffic, but the bridge across the straits had to be rebuilt when a disastrous fire in 1970 disrupted traffic for several years.

Ail bont Britannia, 1980

The second Britannia bridge, photographed in 1980

Pont tiwb Conwy tua 1855

The Conway Tubular bridge c. 1855

Great Western yng Nghaerloyw gan ddilyn gwastatiroedd y gorllewin i Gaerfyrddin a Milffwrd Newydd (Neyland). Yn ddiweddarach cafodd ei hestyn hyd at Abergwaun, fel y bwriadwyd yn wreiddiol.

Y ddwy brif lein yma, ynghyd â dyrnaid o leiniau diwydiannol byr, oedd yr unig reilffyrdd yng Nghymru tan ganol y

In the south, a second route to Ireland was provided by Brunel, whose South Wales Railway, authorized in 1845 and laid to his famous 'Broad-Gauge' (7ft and a quarter of an inch) was extended from the Great Western Railway at Gloucester, to follow the coastal plain to Carmarthen and New Milford (Neyland). It was later

Trên cledrau llydan ym Mhenybont-ar-Ogwr tua 1855

Broad-gauge train at Bridgend c. 1855

bedwaredd ganrif ar bymtheg. Doedd dim cyswllt rheilffordd o gwbl drwy ranbarth eang y Canolbarth. Diddordeb pennaf y ddau gwmni Seisnig mawr, sef Rheilffordd London & North Western yn y gogledd, a Rheilffordd y Great Western yn y de, oedd monitro gwaith a difetha cynlluniau ei gilydd, yn hytrach na mentro codi rheilffordd drwy'r Canolbarth. Parhaodd hyn tan ail hanner y ganrif, pan benderfynodd nifer o gymunedau'r Canolbarth wneud rhywbeth am y sefyllfa eu hunain. Dan arweiniad dynion lleol medrus ac uchelgeisiol, ffurfiwyd nifer o gwmnïau bach a lwyddodd, er gwaethaf

extended to Fishguard, the destination originally intended.

These two major trunk routes, together with the handful of short industrial branch lines, were the only railways in Wales until the middle of the nineteenth century. Vast tracts of central Wales were without any rail links at all. The two major English companies, the London & North Western Railway in the north, and the Great Western Railway in the south, seemed less intent on venturing into mid Wales than on monitoring and thwarting each other's ambitions. This situation remained unchanged until the

Trên llong o Abergwaun yn mynd heibio Sain Ffagan, Caerdydd, 1960

Latter-day Boat Train from Fishguard passing St Ffagans, Cardiff, 1960

Pontllanio

CARADOC FALLS

(5041 k)
GREAT WESTERN RAILWAY
MILK
FROM
PONT LLANIO
TO
STEWARTS LANE

Date............ No. of Tank............ Train............
1,500 BM. 847 3/46

ansicrwydd ariannol, i gydweithio ac adeiladu rheilffyrdd trac sengl ar draws y Canolbarth.

Ond prin oedd y cyfalaf oedd ar gael iddyn nhw, felly roedd y gwasanaethau ar hyd y leiniau eilradd hyn bob amser yn arafach ac yn llai aml na'r prif leiniau. Serch hynny roedden nhw'n bwysig gan eu bod yn cysylltu cymunedau a fyddai fel arall yn anghysbell. Roedd gan bob gorsaf fach wledig ei sied nwyddau ei hun, lle'r oedd glo a nwyddau yn dod i mewn a choed neu gyflenwadau bach o fwynau'n mynd allan. Hefyd, roedd gan y rhan fwyaf o'r iardiau loc gwartheg, oedd yn golygu ei

latter half of the century, when several mid Wales communities decided to take matters into their own hands. Led by able and ambitious local men, several small companies were formed which, although financially fragile, co-operated to construct single-track railways across mid Wales.

Their limited capital, however, ensured that the services provided along these secondary routes were always slower and less frequent than on the trunk lines, but they served a useful purpose as they connected otherwise remote communities. Each small country station boasted its own goods shed, where coal and manufactured

Gorsaf wledig Corwen, 1910

Corwen Country Station, 1910

Llinell Bala-Ffestiniog: Teigl Halt

Bala-Ffestiniog line: Teigl Halt.

Llinell Bala-Ffestiniog: Traphont Cwm Prysor

Bala-Ffestiniog line: Cwm Prysor Viaduct

Disgyblion Ysgol y Bala yn dychwelyd adref, yng Nghorwen, 1959

Bala School pupils returning home, at Corwen, 1959

bod yn bosibl cludo anifeiliaid i'w 'gaeafu' neu eu llwytho i fynd i farchnadoedd pellach i ffwrdd. Roedd y cyfleuster hwn hefyd yn cael ei ddefnyddio'n lleol rhwng gorsafoedd cyfagos hyd at y 1930au, a dyfodiad her gynyddol trafnidiaeth ffyrdd.

Hyd at y 1960au cynnar, byddai llawer o bobl ifanc drwy Gymru'n teithio i'r ysgol uwchradd bob dydd ar y trên, yn aml ar ôl cerdded milltiroedd i gyrraedd yr orsaf agosaf. Bydden nhw'n rhannu'r daith â gwragedd fferm siriol efallai, ar eu ffordd i'r farchnad, neu yn gweld dynion yn llwytho caniau llaeth i'w danfon i drefi a dinasoedd ben arall y rheilffordd. Buan iawn y daeth y canghennau gwledig yn rhan o fywyd Cymru.

goods were brought in and lumber or modest tonnages of minerals were moved out. Additionally, most yards had their own cattle dock, enabling animals to be taken away for 'wintering', or loaded for markets further afield. This facility was also used locally between neighbouring stations until the increased challenge of road transport in the 1930s.

Up until the early 1960s, many youngsters throughout Wales travelled daily to secondary school by train, often after having to walk miles to reach the nearest station where they might share the journey with cheery farmers' wives on their way to market, or view menfolk

Llinell Hendy-gwyn-Aberteifi: *Y Cardi Bach* yng Nghilgerran...   Whitland-Cardigan line. The *Cardi Bach* at Cilgeran...

...ac yn cyrraedd Aberteifi   ...and on arrival at Cardigan

Trenau Casnewydd a Chastell Nedd yn cyfarfod yn Aberhonddu   Newport and Neath trains meet at Brecon

Does dim gwadu mai trenau Seisnig oedd y rhain, wedi'u hadeiladu yng Nghrewe neu Swindon, ond unwaith iddyn nhw ddod i Gymru, roedden nhw fel pe baen nhw'n mabwysiadu nodweddion a hynodrwydd y Cymry. Efallai y gellir priodoli hyn yn bennaf i'r bobl oedd yn defnyddio'r trenau a'r staff oedd yn eu gweithredu. Saesneg oedd iaith y llyfrau rheolau, ond mewn ardaloedd gwledig roedd y staff yn gweithredu'r gwasanaethau yn Gymraeg. Heb amheuaeth roedd leiniau bach y wlad yn adlewyrchu nodweddion unigol eu rhanbarthau. Felly, er bod y trenau ar lein Bala-Ffestiniog neu'r 'Cardi Bach' (Hendy-gwyn-Aberteifi) er enghraifft, yn edrych yn union yr un fath, roedd anian unigryw i bob un. Collodd llawer o ranbarthau rywfaint o'u lliw a'u bywiogrwydd pan gaewyd y rheilffyrdd; roedd naws wan a thlodaidd i dref Aberhonddu, er enghraifft, am flynyddoedd wedi iddi golli ei rheilffyrdd.

Mewn blynyddoedd blaenorol, roedd y leiniau gwledig wedi helpu i hyrwyddo cyrchfannau gwyliau; aeth y rheini ar hyd Bae Ceredigion ati'n fuan i ffurfio eu

loading churns of milk to be dispatched to towns and cities brought within reach by the railway. The country branch lines integrated quickly and easily with the Welsh way of life.

The trains themselves were undeniably English in origin, having been built in Crewe or Swindon yet, once in Wales, many seemed to reflect Welsh traits and idiosyncrasies. This may be attributed primarily to the people who used the trains and the staff who operated them. The rule books were printed only in English but in country areas the staff who operated the services did so through the medium of Welsh. Undoubtedly, country branch lines mirrored the individual characteristics of the regions they served. Thus the trains on the Bala-Ffestiniog line, or the 'Cardi Bach' (Whitland–Cardigan) for example, although virtually identical in appearance, each radiated an ambience entirely their own. Many regions lost some of their colour and vitality when the rail links were withdrawn; Brecon, for example, seemed emasculated and impoverished as a county town for years after losing its railways.

CAMBRIAN RAILWAYS.
EXCURSION I
ABERYSTWYTH.

BYDD

TREN RHAD

O'R LLEOEDD CANLYNOL,

Dydd Iau, Awst 31ain.

		FARES—THIRD CLASS
DOLGELLEY	6 45	
PENMAENPOOL	6 50	1s.9c.
ARTHOG	7 5	
BARMOUTH JUNC.	7 15	
LLWYNGWRIL	7 27	
TOWYN	7 42	1s.6c.
ABERDOVEY	7 50	

PLANT DAN 12eg OED HANER Y PRIS.

Dychwelir yn ol o ABERYSTWYTH am 6 20 y prydnawn.

Bydd Tocynau First Class i'w cael am ddwbl y
Third Class.

Gellir cael Tocynau gan Mri. LEWIS WILLIAMS, Auctioneer, a THOMAS PARRY, Lion St.,
DOLGELLAU

1878

cymdeithas eu hunain, fel oedd eisoes yn bodoli ar hyd arfordir y Gogledd. Roedd cyrchfannau'r De yn fwy gwasgaredig, oedd yn ei gwneud yn anoddach i greu grŵp, ond daeth y Barri, Porthcawl a Dinbych-y-pysgod, a Phenarth ac Aberafon i raddau llai, yn enwog fel trefi gwyliau unigol. Roedd teithiau i lan y môr yn ffynhonnell hanfodol o arian i'r rheilffyrdd, a threfnwyd tocynnau Diwrnod neu Hanner Diwrnod ar bris gostyngol. Roedd gwibdeithiau'n hynod o boblogaidd, ac yn ogystal ag ymweliadau â glan y môr, trefnwyd teithiau i gyfarfodydd rasio yng Nghaer neu Cheltenham neu i gemau criced yn Abertawe neu Gaerdydd, ac yn aml byddai teithiau Siopa Nadolig yn cael eu cyfuno â gemau pêl-droed , gyda Lerpwl a Chaerdydd yn arbennig o boblogaidd. Byddai cefnogwyr rygbi hefyd yn defnyddio'r rheilffyrdd, a byddai trenau hir arbennig yn cael eu trefnu ar gyfer gemau rhyngwladol yn Nhwickenham, Murrayfield neu Ddulyn, gyda cherbyd bwyd – dau gerbyd bwyd weithiau! Sefydliadau eraill oedd ar eu helw o gael cyfraddau ac amserau arbennig oedd eisteddfodau lleol a

In former years, the secondary lines had encouraged the promotion of holiday resorts; those bordering Cardigan Bay had quickly formed their own association, emulating earlier developments along the north Wales coast. Resorts in south Wales were more widespread, and did not group as readily but Barry, Porthcawl and Tenby became famous holiday destinations in their own right as, to a lesser degree, did Penarth and Aberavon. Trips to the seaside were essential earners for the railways, who issued special Day or Half-Day tickets at reduced rates. Excursions were extremely popular and in addition to seaside destinations, were run to race meetings at Chester or Cheltenham or to cricket matches at Swansea or Cardiff, whilst Christmas Shopping trips were often combined with soccer matches – Liverpool and Cardiff being popular destinations. Equally, rugby fans were also great supporters of the railways and international matches at Twickenham, Murrayfield or Dublin promoted a parade of lengthy special trains, all equipped with dining cars, sometimes two! National and local

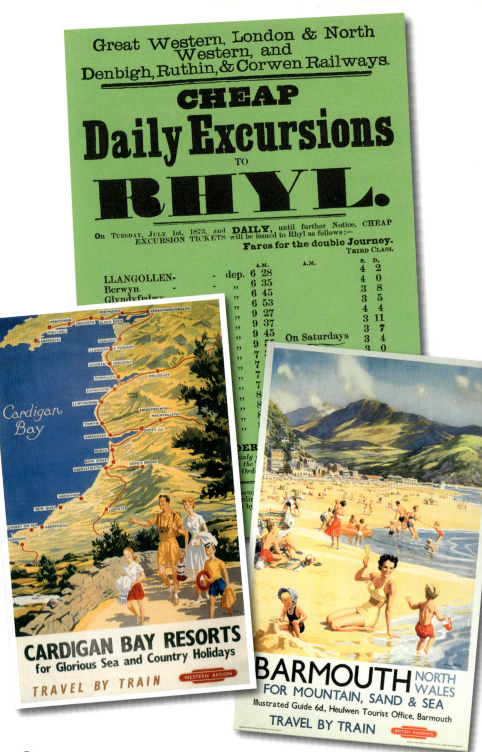

Great Western, London & North Western, and Denbigh, Ruthin, & Corwen Railways.

CHEAP
Daily Excursions
TO
RHYL.

On TUESDAY, JULY 1st, 1873, and DAILY, until further Notice, CHEAP EXCURSION TICKETS will be issued to Rhyl as follows:—

Fares for the double Journey.

THIRD CLASS.

		A.M.	A.M.	S.	D.
LLANGOLLEN-	dep.	6 28		4	2
Berwyn -	,,	6 35		4	0
Glyndyfrdwy	,,	6 45		3	8
	,,	6 53		3	5
	,,	9 27		4	4
	,,	9 37		3	11
	,,	9 45		3	7
	,,	9 5	On Saturdays	3	3
	,,	7		3	0

CARDIGAN BAY RESORTS
for Glorious Sea and Country Holidays

TRAVEL BY TRAIN   WESTERN REGION

BARMOUTH NORTH WALES
FOR MOUNTAIN, SAND & SEA
Illustrated Guide 6d., Heulwen Tourist Office, Barmouth
TRAVEL BY TRAIN   BRITISH RAILWAYS

chenedlaethol, a hefyd byddai grwpiau o gerddwyr, sgowtiaid, corau, timau pêl-droed a Sefydliad y Merched i gyd yn manteisio ar y rheilffyrdd yn gyson.

Fel arfer, ymateb i alwadau lleol oedd y gwasanaethau a ddarparwyd, ond roedd hyn yn gallu cyfyngu pethau, gan dueddu i lesteirio datblygiad un rhwydwaith reilffordd fawr; ni welwyd cynllun cenedlaethol i Gymru erioed. Er enghraifft, hyd yn oed pan oedd y rhwydwaith reilffordd yn gyfan, a'i bod yn gwbl bosibl i deithio'r holl ffordd o'r gogledd i'r de o fewn Cymru ei hun, sy'n amhosibl i'w wneud erbyn heddiw, feddyliodd neb am ddatblygu'r gwasanaeth gogledd-de. Yr unig dro y cafwyd darpariaeth uniongyrchol o'r fath oedd am gyfnod ar ôl yr Ail Ryfel Byd, pan fyddai trenau yn teithio ar ddyddiau Sadwrn yn yr haf rhwng Abertawe a Champ Gwyliau Butlins ger Pwllheli, ond nifer cyfyngedig o'r rhain a drefnwyd, a doedden nhw ddim yn mynd i'r afael â'r diffyg.

Collwyd cyfle gwych i ddarparu gwasanaeth gogledd-de yn ystod dyddiau cynnar Rheilffyrdd Prydain. Byddai wedi bod yn ddigon hawdd darparu gwasanaeth eisteddfodau were other institutions which benefitted from special rates and timings, whilst groups such as hikers, scouts, choirs, football teams, or Womens' Institutes all took regular advantage of the railways.

Usually, the services provided were in response to local demands, although this could be restrictive, tending to stifle the development of a cohesive rail network; there was never any national plan for Wales. For example, no through north-south route was ever exploited, even when the rail network was intact and when it was perfectly feasible to travel north to south entirely within Wales, which is impossible today. The only provision of a through train occurred for a period after the Second World War, when summer Saturday trains ran between Swansea and Butlins Holiday camp near Pwllheli, but these were limited and did not address the deficiency.

An excellent opportunity to provide a north–south service was missed during early British Railways days, when a direct diesel service from Caernarfon to Carmarthen, for example, could have

MOAT LANE
JUNCTION
CHANGE FOR
LLANIDLOES   RHAYADER
BUILTH WELLS   BRECON
AND SOUTH WALES

BRITISH RAILWAYS
WESTERN REGION

PUBLIC NOTICE

The Western Region of British Railways hereby gives notice that from MONDAY, 31st DECEMBER, 1962, the passenger train services between Moat Lane Junction and Brecon, together with associated services between Newtown and Moat Lane Junction, will be withdrawn. All Moat Lane Junction stops will be withdrawn from the Whitchurch/Oswestry/Shrewsbury-Aberystwyth services.

A freight train service will continue to run between Newtown and Llanidloes and, in conjunction with the withdrawal of services between Hereford and Brecon, the line will be closed completely between Llanidloes (exclusive) and Talyllyn Junction (exclusive).

The following stations and halts will be closed completely :-

Moat Lane Junction	Doldowlod Halt	Boughrood & Llyswen
Dolwen Halt	Newbridge-on-Wye	Three Cocks Junction*
Tylwch Halt	Builth Road (Low Level)	Trefeinon Halt*
Glan-yr-Afon Halt	Llanfaredd Halt	Langorse Lake Halt*
Pantydwr	Aberedw	Talyllyn Junction**
St. Harmons	Erwood	Groesffordd Halt**
Marteg Halt	Llanstephan Halt	

Chwalwyd gwasanaethau gwledig yn yr 1960au

Rural branch lines were decimated in the 1960s

diesel uniongyrchol o Gaernarfon i Gaerfyrddin, er enghraifft. Ymhellach, pan gwympodd bwyell Beeching yng nghanol y 1960au, fe greodd gyfle arall, yn anfwriadol, i ddatblygu rhwydwaith 'Cymru-gyfan' effeithiol, ond erbyn hynny roedd y pwyslais bron yn llwyr ar gau cymaint o'r system â phosibl.

been provided so easily. Furthermore, when Beeching swung his axe in the mid-1960s, he unintentionally provided a further opportunity to create an effective and viable 'All-Wales' network, but the emphasis then was almost entirely on closure of as much of the system as possible.

Yn ddiweddar, gyda dyfarnu cytundeb tymor hwy i Arriva Trains Wales, gwelwyd buddsoddi sylweddol yn rhwydwaith Cymru. Bellach, gydag anogaeth frwd gan Llywodraeth Cynulliad Cymru, mae cefnogaeth wirioneddol i wasanaeth trên sy'n gweini bwyd ac sy'n mynd yn syth o'r gogledd i'r de, gan geisio goresgyn o'r diwedd yr hen draddodiad dwyrain-gorllewin sydd yn perthyn i drafnidiaeth yng Nghymru. Eto i gyd, wrth nodi'r ymdrechion i wella gwasanaethau rheilffordd Cymru, rhaid cydnabod ein bod wedi'n llesteirio gan lawer iawn o negyddiaeth yn y gorffennol. Byddai'n dda gweld rhywfaint o weledigaeth arloeswyr cynnar y rheilffyrdd er mwyn sicrhau fod y system well o fewn Cymru ei hun yn cael ei chysylltu â threnau cyflym i Lundain a'r cyfandir.

Only in more recent times, with the awarding of a longer-term franchise to Arriva Trains Wales, has there been significant investment in the Welsh network. Now actively promoted by the Welsh Assembly Government there is real support for a through North–South restaurant car service, finally attempting to modify the long established east–west tradition for all transport within Wales. Yet, as an attempt is made to improve all rail services, it must be acknowledged that Wales has been handicapped by so much negative thinking in the recent past. Some of the vision and energy of the early railway pioneers would be welcome now to ensure that the improving system within Wales will be firmly integrated with emerging, high-speed links to London and the continent.

Brecwast cynnar ar y gwasanaeth o Gaergybi, 2009
Early morning breakfast on the Holyhead Service, 2009

Locomotif y trên o Gaergybi yng Nghaerdydd
The locomotive of the Holyhead train at Cardiff

Dymuna'r awdur ddiolch i'r canlynol am roi benthyg lluniau:
The author wishes to thank the following for the loan of photographs:

Amgueddfa Genedlaethol Cymru / National Museum & Galleries of Wales (Clawr blaen uchaf / Front cover upper; t./p. 6 [mewnosodiad/inset]); Dr E.S. Owen-Jones (tt./pp. 3, 4); Ian L. Wright (t./p. 5); Amgueddfa V ac A/V & A Museum (t./p. 8); Alan Jarvis (Clawr cefn / Back cover, tt./pp. 12, 14, 16 [2 gyntaf/upper]); Denis Dunstone (t./p. 10); Llyfrgell Genedlaethol Cymru / National Library of Wales (tt./pp. 15, 18 [uchaf/upper]); Glyn Jones, Corwen (t./p. 13); John Davies (t./p. 16 [isaf/lower]); Public Record Office (t./p. 18 [isaf/lower]); Amgueddfa Ceredigion / Ceredigion Museum; (t./p. 20 [isaf, chwith a dde/lower left and right]); J.G. Dewing (t.p. 22); Trenau Arriva Cymru / Arriva Trains Wales (t./p. 23 [dde/right]); Llywodraeth Cynulliad Cymru / Welsh Assembly Government (t./p. 23 [chwith/left]); J.B. Snell (t./p. 24)

Mae'r lluniau eraill yn rhan o gasgliad Gwyn Briwnant Jones
Other photographs are by Gwyn Briwnant Jones or from his collection

Blaenau Ffestiniog

Cyhoeddwyd yn 2009 gan Wasg Gomer, Llandysul, Ceredigion SA44 4JL
Published in 2009 by Gomer Press, Llandysul, Ceredigion SA44 4JL

ⓗ Gwasg Gomer 2009 ©

ISBN 978 1 84851 062 3

Cynllun y clawr/Cover design: Gary Evans